AF582248

LA FRATERNITÉ

ASSOCIATION D'INDOCHINOIS

NOTE POUR NOS COMPATRIOTES

PARIS
VIGOT FRÈRES, ÉDITEURS
23, PLACE DE L'ÉCOLE-DE-MÉDECINE, 23

1913

LA FRATERNITÉ

ASSOCIATION D'INDOCHINOIS

NOTE POUR NOS COMPATRIOTES

L'humanité évolue constamment grâce à sa curiosité. Le désir de savoir est l'une des caractéristiques de l'homme ; il existe chez tous les peuples, depuis les tribus sauvages jusqu'aux nations les plus civilisées (1). De la façon dont est dirigée cette curiosité, ce désir insatiable, dépend la destinée d'un peuple. C'est pourquoi, dans les pays éclairés, l'enseignement occupe toujours le premier rang parmi les préoccupations du Gouvernement et les soucis des particuliers.

La vaillante race annamite conserve, à travers les temps, et malgré les vicissitudes nombreuses qu'elle a eu à subir, sa physionomie et son cachet individuel. Disons tout de suite que c'est là une preuve de sa force vitale, de cette force qui permet à une race de résister aux influences qu'exerce sur elle le contact d'autres races, et qui empêche sa fusion avec ces dernières. Liée au peuple chinois dont elle est voisine, par sa civilisation et ses classiques, comme bien d'autres nations ex-

1. Omnis homo scire desiderat, dit l'*Imitation*.

trême-orientales, ainsi que par les attachements d'une vieille et inaltérable amitié, elle ne s'en distingue pas moins par certains traits, notamment par sa langue. Aussi, à côté de sa littérature officielle, qui n'est autre chose que la littérature chinoise elle-même, laisse-t-elle une littérature populaire, malheureusement peu connue, qui révèle ses qualités et le génie de sa langue. La langue annamite, — je ne saurais trop attirer votre attention sur ce point, — bien qu'elle ait encore besoin de nombreuses améliorations, bien qu'elle soit susceptible d'un beaucoup plus haut degré de perfection, possède déjà à l'heure actuelle des qualités très sérieuses qui lui permettent de faire bonne figure parmi les autres langues vivantes. Elle jouit d'une souplesse merveilleuse qui permet dès maintenant, à toute personne qui sait la manier convenablement, d'exprimer les idées les plus abstraites et les nuances les plus fines de la pensée humaine. Les preuves en abondent. Ce serait commettre un sacrilège que de faire l'apologie de l'annamite sans citer le roman bien connu, *Le Kim-Vân-Kiêu Truyên*, qui est un chef-d'œuvre dans toute l'acception du mot, et dans lequel tout bon lecteur voit en son auteur un grand lettré, doublé d'un profond psychologue : les sentiments les plus déliés croisent les descriptions pleines de vie et de couleur. Partant d'un conflit de devoirs, d'une lutte entre l'amour et la piété filiale, le poète présente, sous la forme d'un récit des aventures d'une fille malheureuse, un tableau complet de la société humaine. Il passe en revue les qualités et les vices de toutes les classes : aux bassesses d'un souteneur succède la duplicité d'un maréchal ; à la cupidité d'une proxénète s'oppose la générosité d'un guerrier. En aucun passage, sa verve n'est en défaut ; de phrases en phrases le naturel se maintient par la convenance du style avec les idées : il glisse sans se faire remarquer du sublime au badinage, et saute sans aucun heurt du gai au triste. Et toutes ces idées, toutes ces transitions, le grand homme, que nous saluons respectueusement en passant, les rend avec des mots pris dans le langage ordinaire, nous donnant ainsi un exemple de ce que peut exprimer une langue pour qui sait la manier. Bien d'autres poètes l'ont imité dans ce genre, et si aucun d'eux n'a égalé le maître, la plupart ont laissé à la postérité des œuvres qui constituent pour nous des passe-temps à la fois instructifs et agréables.

A l'époque contemporaine, grâce au merveilleux instrument qu'est le quôc-ngu, divers essais ont été entrepris, notamment en Cochinchine, et tous ont rendu des services à la population.

Mais, sans recourir aux publications existantes, il est facile de mettre au grand jour les beautés de notre langue, en citant quelques termes très simples. Certains étrangers, complètement ignorants ou à peu près de notre langue, proclament qu'elle est pauvre, et ce qui est bien malheureux, c'est qu'ils sont crus même par plusieurs de nos compatriotes. Prenons le terme qui désigne une action des plus communes que le français traduit par le mot porter. Cette action peut être accomplie de manières fort diverses; et la plupart des langues, pour ne pas dire toutes, ont besoin, pour les exprimer, de plusieurs mots, sinon des périphrases entières ; seul, l'annamite rend clairement et distinctement chacune d'elles par un mot monosyllabique comme câm, năm, căp, xách, vác, gánh, khiêng, etc., etc. — C'est là un exemple pris au hasard entre mille autres. — En matière de description, notre vocabulaire n'est pas moins riche. Ainsi, le chinois, ou même le français, serait incapable de représenter par une image aussi frappante comme le fait l'annamite par les quatre mots mèú mèú, khóc khóc, la figure d'une personne en pleurs.

Il est vrai que, dans certains domaines, notamment dans ceux où il faut faire usage de termes techniques, notre vocabulaire a besoin de mots nouveaux ; mais ce travail de néologue n'a rien de difficile : il nous suffit, — ce que nous avons toujours fait du reste, — de faire des emprunts au chinois ou — mais cela est rare — à une autre langue étrangère. C'est ainsi que, en matière politique, les termes quân-chu (monarchie), dân-chu (souveraineté du peuple), hièn-pháp (lois constitutionnelles), sont entrés dans notre langue, tandis qu'on emploie les noms tels que A-Châu (l'Asie). Au-Chau (l'Europe), Thai-biňh-Duong (l'Océan Pacifique), An-Dô-Duong (l'Océan Indien), Dia-trung-Hai (la mer Méditerranée), Hông-Hai (la mer Rouge), pour parler géographie.

Bref, notre langue est un instrument tout prêt entre nos mains ; à nous de l'utiliser non seulement comme langue parlée, mais aussi comme langue écrite, pour l'amener à la perfection, au lieu de nous renfermer exclusivement dans l'étude de langues étrangères. Ce n'est pas dire qu'il faille négliger cette étude : la connaissance de langues étrangères est utile à des points de vue multiples : elle est utile pour le commerce, elle est utile pour la lecture des auteurs étrangers, elle est utile pour l'analyse de la mentalité d'un peuple. Mais c'est une loi commune, à laquelle, quoique nous fassions, nous n'échapperons pas : l'étude des langues étrangères n'est à la portée que d'une infime minorité.

Des considérations qui précèdent, l'idée nous est venue d'unir nos forces pour une œuvre d'intérêt national. Du reste, en l'entreprenant, nous ne faisons que contribuer aux efforts que compte déployer le gouvernement de l'Indochine, dans le même sens. Notre *Association « La Fraternité »* a été fondée principalement dans ce but. Il s'agit de travailler à l'instruction de la masse par la vulgarisation, au moyen d'ouvrages en quoc-ngu, des connaissances utiles, scientifiques ou littéraires. L'une des conséquences, et non des moindres, de cette œuvre, sera d'améliorer très rapidement notre langue et d'en faire approfondir l'étude par la lecture chez nos compatriotes, dont beaucoup, s'ils en font un usage passable quand ils la parlent, la manient fort mal quand il s'agit de l'écrire.

Mais, entendons-nous bien : il n'est pas question de chercher à substituer à l'enseignement occidental un enseignement purement annamite. Au contraire, pour bien organiser celui-ci, il est nécessaire que nous ayons un nombre suffisant de compatriotes versés dans les différentes branches de celui-là. C'est cette élite qui collaborera, avec ceux de nos compatriotes qui se sont spécialisés dans les études chinoises, aux travaux de traduction et de rédaction. Et comme l'enseignement français est, de l'avis de tous, le mieux organisé du monde entier, c'est sur ses méthodes que nous devons nous guider. Rentre également dans le but de l'Association la recherche de tous les moyens de nature à faciliter le séjour de nos jeunes compatriotes en France, à les maintenir dans la bonne voie, à les préserver des écarts de jeunesse et à leur assurer un maximum de profits intellectuels, moraux et matériels, avec un minimum de frais. C'est dans cet ordre d'idées qu'elle prévoit dans les articles 2, *10 et 15* de ses statuts, l'assistance de ceux de ses membres que des circonstances imprévues mettraient dans une situation embarrassante, qu'elle pourvoira, par exemple, dans la mesure de ses moyens, aux besoins d'un étudiant méritant, qui se trouve subitement sans ressources, par suite du retrait ou du non-renouvellement d'une bourse ou de la mort de ses parents ; qu'elle compte faire organiser une maison commune où ses membres et leurs enfants seront, le cas échéant, logés et nourris à meilleur compte que dans les pensions ordinaires, en raison du défaut de toute préoccupation de lucre dans l'idéal dont elle se réclame. Enfin, dès que l'état de son budget le permettra, elle ouvrira des concours pour ses membres et leurs enfants, à l'effet d'obtenir des bourses scolaires, pour l'attribution desquelles elle s'efforcera de ne laisser intervenir que le seul mérite des candidats.

Mais, ce sont là seulement des accessoires de notre but qui, vous l'avez vu plus haut, est la vulgarisation, au moyen du Quôc-Ngu, des connaissances utiles, scientifiques ou littéraires. La race annamite, ne craignons pas de le dire en redoutant d'être taxés de présomption, est une race intelligente, douée des mêmes qualités du cœur et de l'esprit que les autres, avec de grandes aptitudes à évoluer normalement. — Plaidoirie *pro domo*, dira-t-on. — Oui, mais avoir confiance en soi, n'est-ce pas là l'un des éléments essentiels du succès de toute entreprise ? — Si donc elle est en retard, c'est qu'elle a fait jusqu'ici fausse route, c'est qu'elle s'est limitée dans une étude unique, celle de la littérature chinoise. Ce n'est certes point notre avis de condamner cette étude : nous lui devons ce que nous sommes : c'est elle qui a formé notre morale, notre philosophie, et sous ces deux rapports, nous n'avons qu'à nous en louer ; c'est elle qui a formé notre idéal : vivre simplement, passer sa vie dans les méditations poétiques et dans la contemplation des beautés de la nature, n'est-ce pas là vivre la vie des sages ? Mais, autre temps, autres mœurs, et les nécessités de l'existence moderne nous commandent de renoncer à l'espoir de voir revenir les félicités d'autrefois.

D'un autre côté si l'étude du chinois écrit ou parlé qui présente pour nous des intérêts multiples, et qui, entreprise avec une bonne méthode,n'a rien de rebutant pour nous, celle de la littérature chinoise n'est pas accessible à la masse ; elle restera toujours, à raison de ses difficultés, quelque chose de réservé pour les intelligences privilégiées. Ces difficultés, ajoutées à celles de l'impression des caractères chinois, expliquent pourquoi nous sommes si pauvres en livres, alors que ce n'est pas la matière qui manque. Notre pays possède des traditions intéressantes ; son histoire abonde en faits glorieux ; la vive imagination de nos ancêtres nous a laissé des chansons, des poèmes de genres divers, des contes et des anecdotes d'une haute valeur didactique. Depuis que l'usage du Quôc-Ngu s'est répandu, plusieurs de nos compatriotes ont acquis des titres à la reconnaissance de la génération actuelle par leurs publications en annamite. Que leurs ouvrages ne soient pas parfaits, d'accord ; mais ils nous ont tracé la voie à suivre, et rien ne saurait diminuer le mérite de leurs exemples. En Cochinchine, pour ne citer que deux noms très en vogue entre plusieurs autres écrivains également connus, M. Truong-Vinh-Ky et M. Paulus Cua se sont fait une grande popularité par leurs nombreuses publications. Au risque de blesser sa modestie, ce dont nous nous excusons à l'avance, nous nous permettons de faire remarquer aussi qu'à l'heure actuelle, M. Dinh-thai-Son, qui s'est établi imprimeur à Saïgon, sous l'enseigne de Phat-Toan, nous rend d'importants services par l'édition qu'il poursuit activement des ouvrages en Quôc-Ngu. Les exemples des Cochinchinois ont été vite compris par leurs frères du Tonkin. Il faut espérer qu'ils seront suivis dans toutes les parties de l'Empire d'Annam. A Ha-Nôi, M. Nguyèn-van-Vinh, qui s'est fait une réputation par la manière brillante dont il a dirigé dans le temps un journal annamite, *Le Dang-cô-tung-Bao*, continue sa noble tâche en travaillant sans relâche aux publications en Quôc-Ngu. C'est ainsi que tout récemment est sorti de son imprimerie un ouvrage colossal, la traduction en Quôc-Ngu du *Tam-Quôc*. Autour de M. Nguyèn-van-Vinh, nombreux sont aujourd'hui ceux qui cherchent à conserver le passé et à préparer l'avenir au moyen de divers recueils.

C'est là un commencement qui promet beaucoup. Mais combien la marche du progrès sera plus rapide, combien nos efforts seront plus efficaces et plus féconds leurs résultats, si nous nous unissons pour nous entr'aider dans cette œuvre d'intérêt national, les uns avec leur bourse, les autres avec leur esprit, tous avec l'intention désintéressée, ou plutôt intéressée, de contribuer au développement intellectuel et au relèvement moral de notre race. Nombreux sont aujourd'hui ceux de nos compatriotes qui désirent écrire en annamite. Mais la plupart se heurtent à des difficultés décourageantes. D'abord, souvent les nécessités de l'existence ne leur laissent pas de loisirs, puis c'est l'embarras, l'incertitude du succès : de là leurs hésitations.

Notre association recherche les moyens de remédier à cet état de choses. Par des combinaisons ingénieuses elle saura mettre à la portée de tout le monde la collaboration à son œuvre de vulgarisation. C'est ainsi qu'à ses réunions mensuelles, elle donne lecture de tous les travaux qui lui sont communiqués (art. 23 des statuts), et qui forment les annexes des procès-verbaux de ses réunions, avec envoi ultérieur à tous les associés, lesquels pourront lui faire parvenir sur ce sujet ou sur tel autre toutes les observations, toutes les critiques qu'ils jugeront opportunes. L'Association, qui tient à justifier son titre de *Fraternité*, les accueillera toujours avec reconnaissance, laissant de côté toute considération d'amour-propre pour ne viser qu'à l'intérêt général. De la sorte, outre l'échange constant de bonnes idées, outre l'éducation mutuelle qui en sera la conséquence nécessaire, tout écrivain annamite pourra, avant d'avoir le temps d'achever un ouvrage dont il se sera tracé le plan, en produire au fur et à mesure les ébauches pour en faire profiter immédiatement ses compatriotes. Le temps manquera-t-il à un auteur de le faire lui-même, le Comité d'administration de l'Association se chargera, s'il y consent, de revoir et de retoucher ses travaux avant de les livrer à l'impression. L'association fait appel au patriotisme de tous les Annamites, de tous les Indochinois, qu'ils soient ou non membres de la *Fraternité*, pour leur demander de lui communiquer tout ce qui est de nature à intéresser le public indochinois au point de vue de l'enseignement. Elle se chargera, après l'avis d'une commission composée de personnes compétentes qui l'aura examiné avec soin, de l'édition de tout ouvrage en quôc-ngu que son auteur ne voudra ou ne pourra pas faire éditer lui-même. Elle provoquera chaque année, au moyen d'encouragements divers, la composition de manuels d'enseignement populaire. Enfin un service permanent de traduction et de rédaction fonctionnera au siège social et se mettra en rapport avec tous les collaborateurs de l'Association.

L'œuvre que nous entreprenons vient à son heure, elle est même d'un caractère urgent. En effet si, comme nous l'avons exposé plus haut, il existe déjà un certain nombre de publications en annamite, elles ne sont pas pour la plupart des ouvrages d'enseignement proprement dit : ce sont des romans, des recueils de poèmes, de fables, d'anecdotes diverses, ce sont des compilations et non des livres où l'auteur fait montre de sa personnalité, de son moi, par ses idées et son style. La pénurie se fait constater surtout et bien davantage du côté scientifique : à part quelques tout petits manuels de dates récentes, bien malin celui qui pourrait découvrir des traités de sciences mathématiques, physiques et naturelles en quôc-ngu. Les connaissances pratiques telles que les notions de culture potagère, d'économie domestique, d'hygiène, etc., etc., n'ont été l'objet d'aucune publication en annamite. De même, l'histoire et la géographie attendent encore dans l'ombre leurs compositeurs annamites. Nous vivons, sans savoir où ni depuis quand, sur un coin de la terre qui nous promène dans l'espace ! !

Comment s'étonner, dans ces conditions, de voir le peuple accorder tant de créance aux légendes les plus fantastiques, se vouer aux croyances les plus ridicules, se livrer aux superstitions les plus fâcheuses, et se laisser tondre en véritables moutons par des imposteurs *de toutes couleurs*? Ne nous en étonnons pas, plaignons-nous plutôt. Ne jugez-vous pas qu'il importe de porter d'urgence remède à de tels maux ?

L'instruction est en connexité parfaite avec l'éducation : l'une complète l'autre. C'est exprimer là une grande banalité ; mais il n'est pas inutile de le faire, dans la circonstance. Pour observer ses devoirs, il faut d'abord les connaître et s'en pénétrer. Pour se conduire convenablement dans la société, il importe d'être au courant de ses usages. Savoir c'est pouvoir. Tout se résume en ces quatre mots. D'autre part, la maxime : « L'oisiveté est la mère de tous les vices », que nous trouvons dans les classiques chinois comme dans les livres occidentaux, est toujours vraie. C'est dans l'oisiveté surtout que nous devons rechercher les causes de nos défauts et de nos passions. Or, que ferait à l'heure actuelle de ses loisirs un Annamite qui ne lit ni le chinois ni le français, s'il ne les dépensait en sommeil abrutissant ou en jeux frivoles et nuisibles. C'est pour la même raison que chez nous la femme, qui joue un rôle si important dans la famille, éclipse souvent ses qualités naturelles par une ignorance déplorable, par des préjugés détestables. C'est elle qui dirige le ménage, qui règle les affaires de la maison ; c'est elle qui administre les biens et les fait fructifier ; c'est elle qui éduque les enfants et élève les filles jusqu'à leur mariage, etc., etc... Et nous n'avons jamais pensé que des connaissances étendues fussent nécessaires pour jouer un rôle qui comporte des attributions si multiples !! Quittant son père, sa mère, ses frères, ses sœurs, pour entrer dans la famille de son mari, il lui faut souvent beaucoup de diplomatie pour faire bonne figure, pour se conduire avec dignité dans cette famille toute nouvelle pour elle. Et combien s'en tirent maladroitement ? Est-ce la faute de leur esprit ou de leur cœur ? Non, l'intelligence, la bonté ne sont pas qualités rares chez la femme annamite : c'est tout simplement qu'il lui manque l'instruction. En général, elle est toute dévouée, toute fidèle à son mari, et ne l'oublie pas même au delà des tombes ; mais, bornée dans son savoir, elle est, dans maintes circonstances, incapable de l'aider de ses conseils et de ses avis. Les exceptions ne sont pas rares, répondrez-vous ? — Oui, mais l'exception ne fait pas la règle. Il est temps de reconnaître nos erreurs. Travaillons à mettre, au moyen du quôc-ngu, à la portée de nos femmes et de nos filles les sciences usuelles et les connaissances pratiques ; faisons en sorte qu'un conducteur de buffle puisse utiliser ses moments de liberté, qu'un coolie puisse se délasser de son labeur par des lectures faciles, agréables et instructives. Du reste, ce faisant, nous travaillons aussi pour nous-mêmes, pour notre compte personnel, avouons-le, avec cet égoïsme inné de l'homme. En effet, en transcrivant en sa langue maternelle les connaissances qu'on a acquises en les étudiant dans une langue étrangère, on les approfondit, on les précise, on les fixe dans sa mémoire, on s'assimile ainsi les idées d'autrui pour les faire siennes. Ce travail présente, en outre, l'avantage de développer, chez celui qui s'y livre, la faculté d'initiative, et le pousse à faire de ses connaissances des applications intéressantes.

Nous ne nous illusionnons pas sur l'importance de la tâche que nous assumons, nous ne nous dissimulons pas les difficultés qu'elle soulève ; mais ce qu'un seul ne pourrait faire, plusieurs le mèneront à bien.

Voilà, mes chers compatriotes, pourquoi nous avons fondé *La Fraternité*. Par une lecture attentive de nos statuts, vous verrez que nous avons pris des précautions minutieuses pour en assurer le fonctionnement dans les meilleures conditions possibles. L'article 14 fait reposer l'Association sur une base vraiment démocratique : les membres sont traités sur un pied d'égalité absolue, sans aucune distinction de rang social ; aucun d'eux ne saurait bénéficier d'un privilège spécial. C'est là une précaution utile pour écarter, dès le début et les combattre, les idées de coterie qui commencent à s'introduire dans notre pays. L'article 15 s'occupe de l'assistance des associés en embarras. L'article 16 met, en cas de voyage ou de simple déplacement, les bons offices de l'Association à la disposition de ses membres, de leurs parents ou des personnes qu'ils lui recommandent. Par le jeu d'un conseil de surveillance chargé à la fois d'éclairer le comité d'administration et de contrôler ses actes, l'article 18, combiné avec l'article 24, §§ 2 et 3, a pour but de prévenir les négligences et les abus dans l'administration de l'Association. Le maniement des fonds est sévèrement réglé par les articles 13, 15, 18, 21 et notamment l'article 22. Les uns comme les autres renferment les dispositions destinées à prévenir le gaspillage.

Dans son article 26, les statuts prévoient la création de sections locales ou régionales, afin d'éviter l'éparpillement des forces et de permettre à tout membre, quelle que soit la distance qui le sépare du Comité central, de collaborer efficacement à l'œuvre commune.

Enfin, pour terminer, *La Fraternité*, qui a été constituée sous l'empire de la loi française, tient à justifier le nom qu'elle s'est donné. Elle poursuit un but, non seulement légal, mais louable à tous les points de vue. Elle est parfaitement d'accord, dans ses vues, avec celles dont se réclame le Gouvernement de l'Indochine, en ce qui concerne l'enseignement indigène. Libérale dans son essence comme dans ses actes, agissant loyalement et au grand jour, elle ne saurait, aux yeux de tous, faire ombrage à aucun autre groupement. De même qu'elle s'adresse à la bonne volonté de tous, elle est toute disposée à prêter son concours à qui le lui demandera.

Par cet exposé rapide, vous voyez, chers compatriotes, quelle œuvre nous poursuivons. C'est une œuvre d'intérêt national, nous ne saurions trop le répéter. Mais le sang qui coule dans vos veines et votre cœur d'Annamite vous en persuadent plus éloquemment. Nous espérons qu'il suffit de faire appel à vos sentiments de solidarité pour avoir bientôt le plaisir de recevoir votre adhésion.

Avril 1912.

Le Président de la Fraternité,
PHAN-VAN-TRUONG.

MAYENNE, IMPRIMERIE CHARLES COLIN

www.ingramcontent.com/pod-product-compliance
Lightning Source LLC
LaVergne TN
LVHW050515160826
845677LV00003B/1148

* 9 7 8 2 3 2 9 6 3 1 1 6 5 *